HISTOIRE

DE

L'ANTIQUE VILLE D'AHUN

EN LA PROVINCE DE MARCHE,

SUIVIE DE LA

LÉGENDE DE S. SYLVAIN, MARTYR,

PATRON DE LA CITÉ.

(Copie d'un manuscrit inédit de la fin du XVIe siècle.)

CLERMONT,

IMPRIMERIE DE FERDINAND THIBAUD, LIBRAIRE,

Rue St-Genès, 10.

1857.

ANTIQUITÉS

DE

LA VILLE D'AHUN.

HISTOIRE

DE

L'ANTIQUE VILLE D'AHUN

EN LA PROVINCE DE MARCHE,

SUIVIE DE LA

LÉGENDE DE S. SYLVAIN, MARTYR,

PATRON DE LA CITÉ.

(Copie d'un manuscrit inédit de la fin du XVIe siècle.)

CLERMONT

IMPRIMERIE DE FERDINAND THIBAUD, LIBRAIRE,
Rue St-Genès, 10.

1857.

Manuscrite vers la fin du XVIme siècle, l'histoire que nous publions cejourd'hui était restée jaunir dans les poudreuses liasses des notaires d'Ahun, depuis Ewrard, auteur supposé de la présente, jusqu'à M. Jorrand, qui nous en a gracieusement offert la copie.

L'originalité du style, les naïves expressions du temps (la plupart tombées de nos jours en désuétude, ou propre à la province), nous ayant embarrassé dans la lecture, notre cher M. A. C., paléographe éclairé, a bien voulu se charger de la correction des épreuves.

Il nous reste à souhaiter qu'il soit agréable aux amateurs lire ces remarques inédites sur une contrée voisine et oubliée, dont les monuments, comme les nôtres, ont aujourd'hui en partie disparu sous les atteintes du temps, les coups des ligueurs, la main des sicaires de Richelieu, les malheurs de 93 ou l'incurie des contemporains chargés de les garder.

ANTIQUITÉS

DE

LA VILLE D'AHUN.

———◆———

Le lieu de ma naissance, comme il est tout notoire, est une petite ville située au milieu du pays de la haute Marche, en la région du haut Limousin, diocèze de Limoges, entourée de murailles, comprenant dans son tour environ cent ou six vingts maisons seulement, laquelle on nomme vulgairement d'un nom barbare et corrompu, *Agun*, qui se dérive de l'ancienne nomenclature *Agedeum* ou *Ageum*, du nom latin *Agedunum* ou *Agenunum*, et depuis par longue succession du temps, cette vocale et cette consonne ont été dévitées du nom ancien par corruption de langage, et de présent est nommée *Aguum*.

Je suis d'opinion avec aucun auteur ancien que notre ville a été fondée du temps d'Auguste-César; à tout le moins, sa dénomination est prise en la gloire de Sa Majesté comme d'autres qui l'ont retenue en leurs noms, et néanmoins que le lieu soit habité maintenant d'un petit nombre de gens, toute fois antérieurement c'était une ville ou bourg d'antique et noble marque, contenant plusieurs rues, dont la maîtresse, contenant environ quatre stades de longueur, était appelée *Vicus et Agedum* vel *de populo sum*, remplie d'un grand nombre d'habitans ; selon les anciennes écritures, étant située en un autre lieu et de plus grande étendue, qu'elle n'est de présent, comme il s'est trouvé par légendes et pancartes anciennes et ruines d'icelles dont les fondemens aparaissent encore en un petit village servant à présent en faubourg nommé *Aréola ;* où les augures étaient de ce temps-là observés en icelui lieu, et maintenant est nommé Arioles ou Aurioles, au territoire duquel sont trouvés sous la terre plusieurs colonnes de pierre d'antique architecture, pièces de vaisseaux, figures emblématiques de diverses couleurs, car, en ce temps, l'usage des vaisseaux de terre contournés, et en diverses manières, étaient en si grande estime, comme sont à présent nos vaisseaux d'étain ; on y trouve aussi plusieurs grands vases de pierre, entaillés, et, selon la corpulence humaine, large au premier bout et commencement, et étroits à l'autre bout ; ils servaient de sépulchres, pour repositoire des corps morts, et dans aucun desquels se trouvent quelquefois de petites fiolles et coupes de verre exprés, dans lesquelles étaient quelques cendres bien conservées et de petits os. J'estime que ces cendres provenaient des corps arés et brûlés, selon la manière ancienne d'aucune nation qui était telle que, incontinent qu'un personnage d'autorité était mort en bataille ou de mort naturelle, l'on faisait brûler le corps, et les cendres les plus déliées étaient gardées comme reliquaires, en petits vases d'argent, verre ou autre métal bien étoupé.

Il se trouve aussi dans ces grandes pierres entaillées, bien souvent, anciennes pièces de bronze de la monnaie de ce temps, comme j'ai vu, et mêmement ces jours passés, on m'apporta plusieurs pièces de ladite monnaie ancienne, de la grandeur et épaisseur d'un teston, trouvées et enterrées aux ruines de l'ancienne ville, les unes au nom des..., ayant d'un côté l'image de Juno, entaillée à la semblance d'une femme nue, et une colombe ou tourterelle engravée à ses pieds, ou quelque autre espèce d'oiseau, où était écrit à l'entour en lettres romaines bien engravées et formées *Junonis*, de l'autre côté de la médaille était le portrait et figure d'une princesse attournée et coiffée à la mode antique, où était écrit tout à l'entour : *Faustina Aug.* Je suppose que c'était du temps que Faustine, fille de Marcus Antonius Pius, empereur, natif de la cité de Nismes en notre dite France, et femme de Marcus Antoninus, surnommé Verus Aurelius, empereur, et grand philosophe, eut le gouvernement de l'empire romain, après le décès de Marcus Aurelius, son mari, qui mourut soudainement, la délaissant régente et gouvernante de l'empire et de Commodus, son fils étant encore jeune, et ayant cette administration et charge, faisait battre de la monnaie en son nom, et autres choses concernant autorité et puissance royales, et crainte de l'empereur Marcus Aurelius.

Pour revenir aux antiquités, l'on trouve encore dans ce terroir des arcs et voûtes cimentées et sont encore entaillées magnifiquement, servant de chapitaux, de colonnes et plusieurs autres antiquités mémorables. Cette ville était pour lors nommée *vicus Agedunum* pour raison de ladite grand'rue, car la ville où à présent est notre demeurance, s'appelait pour lors *Castellum-Ageduni*, et c'est-à-dire le château d'Agun, qui était séparé de l'autre ancienne ville, et depuis a retenu ce nom de *Castellum-Ageduni*, et n'a pas longtemps il était ainsi intitulé comme j'ai vu en aucuns titres.

Pour revenir à la description des choses les plus singulières de présent en notre dite ville, sont deux principaux édifices de mémorable recommandation, l'un est l'église commune de la ville, joignant les murailles d'icelle, le grand portail de laquelle fait en une corniche au-dessus, et laquelle a une croix de pierre par-dessus la couverture en l'architrave, et entrant dans icelle on descend par huit degrés sur le pavement commençant aux premiers piliers faisant la division de trois nefs par ceque au côté dextre et sénestre de l'entrée y a deux chapelles, à côté de ladite grand'nef qui est large et spacieuse sont les autres deux nefs qui sont plus étroites, la voûte de ladite grand'nef est soutenue de six grandes arcs qui se viennent reposer sur chapitaux, de douze grands piliers renforcés à doubles de pierre entaillée en rond en forme de croissants, joignant l'une contre l'autre à double joints avec d'autres petits cartiers de pierre montant comme les piliers en forme quadrangulaire aux quadrangules desdits piliers pour rendre lesdits piliers plus forts à soutenir les faîtes desdits arcs et voûtes jusqu'aux chapitaux desdits piliers qui sont de grandes pierres entaillées de plusieurs feuillages et autres figures anciennes; les premiers et derniers desdits piliers, sont en pierre de taille, et sont en nombre iceux piliers depuis ledit grand portail jusqu'à la fin de ladite grand'nef de six d'un côté et six de l'autre qui font douze piliers; aux côtés d'icelle grand'nef, sont comme j'ai dit les autres deux petites nefs ambulatoires, l'une à dextre et l'autre à sénestre.

Les voûtes de ces nefs sont soutenues de six demi-arcs reposant d'un côté sur lesdits piliers de la porte à sénestre, et de l'autre côté sur des demi-piliers carrés, joignant les (1) parets latéraux dudit temple aux chefs desquelles trois nefs et une autre grand'nef traversant telle que tout ledit temple est en forme de croix ou de cette figure tau (2); l'architrave de la nef est soutenue sur six petits arcs ou zônes croisées qui se viennent lier dans trois médailles rondes de pierre engravées de divers ouvrages par le milieu de la voûte, lesquels petits arcs ou zônes se reposent d'un côté devers le chœur dudit temple sur les chapitaux de grosses pierres entaillées en feuillages et enlassements de quatre grands et hauts piliers, doubles, entaillés en rond, à doubles joints fortifiés de petits quartiers de pierres jointes et bien cimentées et de l'autre côté se reposent lesdits petits arcs sur les parets latéraux des extrémités desdites trois nefs, et sur les arcs et voûtes ladite voûte traversant, est posée une obélisque servant à porter les cloches dudit temple élevée bien haut par-dessus l'architrave et timpane de la couverture dudit temple en forme octogone de la tour fort spacieuse et ample dans laquelle peuvent avoir quatre grosses cloches leur aisance fabriquée de grands cartiers de pierres si bien joints et unis et cimentés qu'il semble qu'ils soient tous d'une

(1) Parets vient du mot latin *paries*, murailles.
(2) Tau T, nom grec de la lettre T.

pièce, tant est l'architecture magnifique et bien composée tant pour le dedans que pour le dehors, autour de laquelle sont huit pans quadrangulaires et à chaque pan une longue fenêtre faite à l'antique, une colonne de corniche faisant la séparation entre deux, ayant ledit obélisque un grand piédestal à l'entour, par-dessus la couverture de ladite nef, lequel piédestal a plusieurs plantes semées par les oiseaux de certaines fleurs vulgairement dites *armoiries* ou *herminettes*, qui donnent d'un lieu si haut un lustre de couleur pourpre, aux rayons du soleil, en temps d'été très-plaisant, à ceux qui regardent de bas, et la couverture est faite de tuiles creux, si bien cloués et liés en si grand artifice, que les vents et foudres ne les peuvent débranler, combien que ces rangs soient forts pansilles; à laquelle grand'nef traversant sont joints du côté du septentrion trois beaux chœurs qui sont jetés hors les murs de la ville par-dedans le cimetière, faits en forme ovale séparés et divisés l'un de l'autre comme trois tours. Celui qui est au milieu est le grand chœur de l'église dans lequel sont toutes les richesses et ornements d'icelle, et principalement à l'autel et à la voûte d'icelui du côté sénestre dans un trellis de fer repose une portion du chef de M. St-Gilles, vénérable saint reliquaire, enclos dans une riche châsse d'argent qui autrefois y a été portée miraculeusement et demeuré cachée par longtemps et depuis découverte par quelque femme viatrice ayant eu révélation par plusieurs fois en son sommeil qu'il était enclos dans une petite cassette de pierre.

J'ai trouvé sur une pierre dudit St-Commandeur :

Gilis confessor mirabilis. L'autre chœur qui est à côté droit est dédié à l'honneur de la sacrée Vierge-Marie et celui de l'autre à l'honneur de M. St-Jacques, apôtre. Ces trois chœurs sont magnifiquement entourés de corniches par dehors, par dedans joignant les parois à double rang par dehors les unes plus grandes les autres plus petites à pierre de taille avec leurs frontis et timpannes, soutenus sous leurs petits chapitaux ; l'architrave des voûtes et lesquels trois chœurs sont élevés sur pavement dudit temple de cinq ou six degrés où il faut monter pour entrer en iceux parceque au-dessous desdits trois chœurs à une cave ou lieu souterrain, fort dévôt, qu'on appelle le sépulchre dédié et vénéré en l'honneur de la Vierge-Marie qui si anciennement que l'on peut connaître et conjecturer par son antiquité, était une mosquée d'idoles ou oratoire des chrétiens de la primitive Eglise, car, c'était la coutume en ce temps-là, de mettre leurs enfants sous terre pour la crainte des tyrans. La voûte de ce lieu est posée sur trois grandes arcades, larges et amples, qui est aussi soutenu de dix colonnes de pierres, toutes d'une pièce de forme cylindrique, les unes joignant les pariets, les autres par le milieu arrêtées avec leur piédestal. L'on descend en ce lieu par deux portes, qui sont aux deux bouts de ladite nef, et ont certains degrés. Les entrées sont fort obscures à cause qu'il n'y a aucune fenêtre pour bailler clarté, sinon quand l'on est descendu jusqu'au bas, il y a quelque peu de clarté, qui vient des petites fenêtres qui sont à fleur de terre dans le cimetière, sur quoi faut à considérer l'antiquité de la structure dudit temple, car, au commencement de l'érection des temples et églises après que l'infidélité et idolâtrie des hommes fut expulsé, par la prédication des saints, l'on faisait dans icelle, sous terre, des oratoires et lieux de silence pour faire oraisons et prières à Dieu.

Parmi les autres édifices de qui admiration n'est moindre en notre ville, est la tour de César ainsi appelée anciennement, parce que l'on trouve en quelques vieilles chartres que Julius César, lorsqu'il fut vainqueur des Gaules, la fit bâtir et édifier en son nom, lequel nom est depuis aboli, et est nommée à présent la tour d'Agun. Cette tour est carrée faite et composée entièrement de grands quartiers de pierre de taille de la hauteur de cent brasses ou environ en forme pyramidale dans laquelle n'a aucunes loges de magnificence, si non aucuns lieux tristes et obscurs pour loger les captifs et criminels, le plus haut lieu et étage nous sert de sentinnelle pour faire le guet en péril éminent parce qu'il y a deux fenêtres, l'une regardant sur la ville du côté d'occident, l'autre ayant son respect hors la ville sur les champs du côté d'orient, où l'on peut découvrir trois ou quatre lieues des environs de ladite ville. En ce lieu haut monta Jolivet pour contempler le pays pour les lignes géométriques, lorsqu'il entreprenait la carte et description de France. Sous cette tour est un lieu fort ténébreux et obscur qui est un souterrain auquel on descend avec une quantité de brasses de cordes ceux qui par leurs trop grands démérites sont condamnés à la mort.

Ce lieu anciennement était nommé Tuliane, ou Tulian, où maintenant nous l'appelons un fondement, et ceux qui ont lu les histoires romaines, mêmement Tite-Live, Tacitus Valerius Maximus, Saluste et autres auteurs qui ont fait mention que les Romains, même du temps de Julius César, lorsqu'il fut appelé au conseil par les sénateurs pour donner son opinion sur le jugement que l'on devait imputer contre Catilina et ses compagnons conjurateurs de la république, avaient des lieux dans leurs prisons qui étaient obscurs et ténébreux sous terre, qu'ils appelaient Tuliane, comme il est dit (est locus incarcere qui Tullianus appelatur, etc.) C'est un de ces lieux ténébreux de douze pieds de profond, vouté et cimenté des grands carreaux, où fut descendu Lantulus, un de ces conjurateurs et conspirateurs, pour la conduite de Cicéro, et sur le soir, fut ledit Lantullus étranglé d'un lac par le bourreau dans ledit lieu, pourquoi faut inférer que cette grosse tour dans notre ville a été édifiée du temps dudit César ou d'autres Romains, vu ladite antiquité.

Quand à la situation de notre ville et à la circonférence des lieux finitifs d'icelle, combien qu'elle n'aye aucuns faubourgs, si non quelques pauvres maisons rustiques étants près d'icelle comme ledit ancien lieu appelé Aréola, où était la ville ancienne et un autre lieu appelé les Fontaines, où il y a une église dédiée à saint Jean-Baptiste, toutes fois un petit plus bas et à peu de distance est un beau bourg bâti de belles maisons, où il y a des gens opulents, qui est nommé le Moutier-d'Ahun auquel est une belle abbaye fondée de l'ordre de saint Benoît, décorée et enrichie de belles fondations. L'église d'icelle illustrée d'un portail magnifique en personnages élevés et de plusieurs histoires antiques d'un merveilleux ouvrage entaillé en pierre. Lequel lieu est situé sur la rivière de Creuse et y a un beau pont de pierre. Et entre icelui lieu et ladite ville est une petite plaine terminant à une montagne sur laquelle est un bel et dévot oratoire magnifique, fait d'architecture singulière, dédié à l'honneur de sainte Catherine là où l'on voit de beaux et somptueux ouvrages praxitéliques d'histoires et images entaillés tant en pierre qu'en bois, qui a été jadis édifié par un abbé de ladite abbaye, au frontispice duquel est une image de saint Michel de grande stature élevée par dessus la couverture. De ce lieu on descend par chemins mal propres, pierreux, entre deux autres montagnes coupées par un torrent descendant impétueusement d'entre icelles, quand le temps est adonné à pluie aux environs dudit bourg appelé le Moutier; et puisque notre ville est située sur le haut desdites montagnes en plaine, il semble que ledit bourg, pour ce regard, soit caché dessous, en quoi a été usité un commun usage entre les gens du pays de dire d'une chose qui ne se peut : « *il faut laisser le Moutier sous Ahun.* »

La situation de notre ville est pur air et salubre tellement que les gens y sont bien disposés. Du coté du midi, de grands bois et forêts et souvent force bêtes de vénerie.

Elle a aussi des terres fertiles à porter froment, seigle, orge et tous légumes, il y a aussi force caves, étangs, pécheries, pour nourrir gros poissons, force fontaines d'eau douce, combien que dans le circuit de notre ville n'y en a aucunes, si non des puits profonds. Entre autres il y a un puits hors ladite ville et près une des portes d'icelle qui est d'une eau fort douce, et par ce, est appelé *puits à miel,* duquel nom cette porte a retenu la nomination et dans cette porte passe un ruisseau descendant par le milieu de la ville et sortant hors la muraille au bas de ladite ville par un trou ou bonde appelé en notre vulgaire *le trou ou pertuis du chien.* Ce ruisseau, impétueux en temps de grosses pluies, netoye et amasse toutes les immondicitées des rues, par ce il est nommé de ce nom trop turpiculle et déshonnête Mardanson. Nous avons aussi de belles prairies, et entre autres fruits qui naturellement et librement viennent et croissent, sont des raves qui sont de grande commodité pour nourrir et engraisser le bétail, et aussi les plébéiens et menu peuple en usent fort pour nourriture au défaut des grands. Nous avons commodité de la grande Creuse qui nous est proche du coté d'orient, qui rend la vallée fertile et amende tant les prairies que les terres produisant froment. Nous sommes séquestrés de ce qui nous est plus nécessaire, c'est des vignes; car notre région n'a aucunes vignes, si non les treilles des jardins, et le plus près lieu pour avoir le vin est distant de vingt mille pas, c'est le pays de Borbonnais. Les gens de notre terre sont fort rudes et mal assaisonnés en leurs propos, mêmement les citadins et villageois qui ne tiennent aucunes ordonnances, en leurs propos, lesquels ils font communément sauter du coq à l'âne et sont sans aucune modestie les plus ridicules qu'on peut trouver et avec lesquels je communique souvent comme contraint à cause de mon état; et par ce, me convient conformer à leur manière de faire et dire à mon grand déplaisir, car selon le proverbe commun, *celui qui vit entre loups il retient de leur nature;* car se doit-

2.

on conformer en coutumes morales ou rurales selon le pays que l'on habite, et à ce que le vulgaire fait et la coutume requiert. Néanmoins comme dit le poète des choses concernant l'utilité, il faut souffrir les enseigner et démontrer grossement et non en langage couvert et obscur, parce qu'il se faut saisir de la matière le sens et ne s'arrêter au langage, tout ainsi qu'on rejette des noix l'écorce comme inutile et rude et les noyaux qui sont enclos dedans sont reçus comme doux et profitables, et me suffit à présent de ces deux points ci-dessus déduits ; et pour me rendre absous de ces rébelles et médisans par le jugement des gens de bien, je ne veux encore obmetre un statut ancien que les incoles de notre ville observent à la manière des anciens Romains, qui est la création des consuls d'an en an, car tout ainsi que les Romains s'assemblaient au champ de Mars pour élire deux consuls, l'office desquels était annuel, et avaient durant l'an l'administration de la république, aussi à la création et élection des consuls le peuple de notre ville s'assemble en une petite colinne hors ladite ville et nommé quatre personnages, iceux tenant la charge du fait public de ladite ville durant un an. Retournant encore à parfaire la description et la situation de notre patrialle nation, je dois dire que le pays de la haute Marche est en la province du haut pays de Limousin, au diocèse de Limoges, et est distant dudit Limoges de trente mille pas ; tout ce pays Marchique composant une sénéchaussée, peut avoir de distance en long trente mille pas et autant en latitude combien qu'il y a plusieurs enclaves et autres lieux de France entremeslés bien avant dans icelle.

Terminant du coté d'orient au pays de Combraille et à l'Auvergne, du coté d'occident, à la basse Marche et Poitou, du coté du midi, audit pays du haut Limousin, et du coté de septentrion au pays de Borbonais et de Berry, dans le propre de ce petit pays Marchique, sont encore six petites villes entourées de murailles le fleuve de la dite grande Creuse coulant entre icelles. Les noms desdites villes sont notre ville d'Agun située au milieu dudit pays et la plus ancienne de toutes les autres, dont la marque héroïque de ce lieu appert par ses armes qui sont écu au champ d'azur, avec quatre barres d'argent traversantes. La seconde ville est nommée Guéret, fort peuplée d'habitants, où est maintenant le siége Royal de ladite sénéchaussée dudit pays ressortissant par-devant les Présidiaux de Moulins en petites matières, et en matières d'importance au Parlement de Paris. Ces deux villes sont situées de ça ledit fleuve. Les autres sont Chénerailles, Jarnages, Le Busson et Felletin qui sont de là ledit fleuve. Ladite ville de Guéret, métropolitaine à cause du siége royal, est située au versant d'une colline, dans un guéret dont elle a pris le nom, fort plaisante et courtisanne, et les habitans fort humains, et y a des gens grands et honorables. Outre le siége royal du pays y sont encore le siége particulier de la ville et châtellenie, le siége de l'élection ordinaire de tout le pays sur le fait des aides et deniers royaux, une maison épiscopale pour le seigneur évêque de Limoges.

Cette ville est illustrée d'une singulière commodité aux habitans qui est de belles et claires fontaines organisées dont la source provient des hautes montagnes qui sont aux cotés du midi, les rues sont pendantes du midi au nord, larges et élégantes; aux cotés sont de beaux et grands édifices. Les autres quatre villes sont situées au dela ledit fleuve de la grand Creuse, savoir : Felletin, le Busson, Chéneraille et Jarnage. La principale, la plus éminente et la plus populeuse de toutes les villes de notre contrée, est Felletin, qui est un nom corrompu de l'ancienne nomenclature et ainsi qu'il me semble et que je puis conjecturer, la vraie nomination de cette ville par son étymologie, vient de ces deux dictons, *Filis* et *Tininum*, comme on pouvait dire un tintinement et son de quelques vases vitrés composée de la matière de cette plante *filis* qui est à dire fougère; car cette ville est édifiée sur un lieu montagneux et, comme il appert, les environs remplis de cette plante de fougère, et en ce lieu était un oratoire profane d'idolatrie au service d'un simulacre et idole vénérée par les habitans du lieu, et timpanisés à quelques heures ordonnées par le son de quelques vases ou timbales vitrées faits de la matière de cette filis ou fougère comme l'on en fait encore de présent, d'autant que ladite plante abonde en ce terroir; car la coutume de ces payens envellopés d'erreurs diaboliques était de convoquer le peuple à certaines heures aux cérémonies de leurs idoles par le son de quelques vaisseaux; au lieu que les chrétiens ont des cloches et cette idole qui ainsi était vénérée par sacrilége et par superstition pouvait être aussi nommé *filis*, selon que les habitans du lieu l'interprètent, qui était une femme impudique qui pour son ardente luxure se pendit et étrangla à un arbre dont le lieu a pu retenir le nom, et combien que l'une et l'autre desdites causes ne soit vraisemblable de la source du nom de cette ville, toutefois la cause première doit être la plus recommandée et observée pour l'ignominie de cette concubine *filis*, et par ce doit être ce nom Philistin et non Felletin. Cette cité, maintenant est exaltée sur les autres de notre contrée tant pour l'opulence des richesses qui est enclose dans icelle que pour ses honorables bourgeois d'une excellente et constante vertu en la vraie religion, et aussi est habitée d'un grand nombre d'artisans de diverses officines et même en l'art buphique et lanifiques et autres ouvrages ingénieux de tapisseries textilles, de diverses forfilures et couleurs en hautes et basses lisses.

Cette illustre ville a entre ses autres beaux édifices un temple consacré à la vierge Marie situé en la place d'icelle, auquel est une grosse tour en forme d'un obélisque servant de repositaire aux cymbales et cloches de cette basilique qui est entourée d'une guirlande de pierres entaillées à même ouvrage et d'une somptueuse architecture avec une plate forme cloitrée. Il y a encore dans ladite ville une sainte et dévote chapelle ou oratoire magnifiquement ornée et vitrée qui a été construit et édifié de notre temps des dons, aumones et largesses des bons et dévots bourgeois et dames de cette ville. Je veux encore extoller la renommée de ladite ville Filitine pour la bonne et louable police qui est en icelle, d'un réglement égal envers principaux et plébéiens par leurs statuts municipaux et lois politiques. Combien qu'elle soit habitée d'un grand nombre de peuple, notre fleuve de la grande Creuse, vient flotter près ladite ville, et prend sa source à trois ou quatre lieues de là, d'un lieu et village ou petite paroisse de laquelle ledit fleuve a pris le nom de Croze vulgairement, où il y a des fontaines qui s'assemblent en un grand ruisseau dont précéde le fleuve.

Je veux après découvrir la situation des autres trois villes de notre dite Marche et m'arrête à la plus prochaine nommée le Busson ou le Bussou, selon le vulgaire de maintenant. C'est une ville de grand bruit pour la fréquentation des marchands du lieu qui y trafiquent souvent, menant et conduisant marchandises en d'autres et divers lieux et pays, et de ce que les habitants sont adonnés à de grands labeurs. La ville est grandement populeuse selon son circuit, abondant en diversitées de marchandises et y a des gens oppulents et riches grand nombre d'artisans et négociateurs qui font grand trafic principalement en lart lanifique et pilistromate et dont ils tirent grand profit. Au flanc delaquelle ville coule lentement ledit fleuve de la grand Creuse descendant des montagnes Filitinnées distantes de deux mille pas, lequel fleuve est bien commode et propre en ladite ville pour raison des moulins qui sont assis dessus tant pour l'usage des draps et laines que pour moudre les grains. La situation est entre deux hautes montagnes inacessibles, pleines de grands rochers desquels descend par le milieu un torrent qui aucune fois est si impétueux qu'il entre dans les maisons et boutiques gâtant et envelopant plusieurs marchandises, et se vient jetter dans les fleuves de Creuse. La principale marque de ladite ville et le lieu le plus éminent et apparent, est le châtel qui est un édifice ancien assis du côté du midi sur ladite ville à la sommité d'une montagne servant de défense à icelle, lequel a un Doujon grande tour quarrée et autre logis enclos de murailles et tours quarrées. La forme de ladite grand tour est de même structure que la tour qui est close au pourpris du châtel de notre ville Agedun et comme aucuns disent, il appert par les pancartes anciennes qui sont gardées aux archives du châtel d'Aubusson, que ledit César, dictateur romain lorsqu'il s'empara des Gaules, les fit toutes deux édifier en son nom.

Pour revenir à l'étymologie du nom de cette ville il me semble qu'elle est prise de deux dictons, l'un corrompu et l'autre entier. C'est de Arbu et de Ycon, Yconis, c'est-à-dire statue ou image dans un arbre ou d'un arbre, parce qu'il est à présupposer qu'avant la première colonie de ce lieu, c'était une assemblée de buissons et bois, lieu désert et inhabitable dans lesquels bois et buissons, était trouvé une idole par les Gentils et Payens habitants d'ici qui, depuis ayant le lieu découvert, firent édifices et nouvelle habitation et appelèrent ce lieu *Arbuiçon*, c'est-à-dire image d'arbre, et depuis l'on a multiplié le nom d'autres dictions dont il est appelé de présent *Arbuiconium*, et en langage vulgaire le Buisson et me semble que si Arbuiçon est en langage commun le Buisson est plus convenable à sa nomination. Je m'en rapporte toutefois à ceux qui plus curieusement voudront rechercher l'étymologie de ce nom.

Revenons aux autres deux villes de notre Marche, situées en une plaine, distantes l'une de l'autre de quatre mille pas, l'une appelée Chénérailles ou plus proprement se doit nommer Canalelles, selon le nom latin *Canalice*,

Canalicarum, en plusieurs nombres, c'est-à-dire petits chenaux, nom diminutif de *Canal*. Le lieu est une petite ville bien close et défensable entourée de plusieurs tours rondes à plates-formes, survoûtées, encrenélées, avec leurs bastillons, sur l'une desquelles étant au côté d'une porte, depuis longtemps a cru un arbre de genièvre par l'excrément des oiseaux, ayant mangé des graines dudit arbre qui rend la sommité de ladite tour, couverte de rondeuses, verdures en toutes saisons. La principale porte est d'une architecture fort antique renforcée d'une double voûte, faite et fabriquée en pierres de taille quadrangulaire, cimentées magistralement, garnies de propugnacules défensables; le dedans est un petit pourpris, plaisant, bien pavé, lequel a de petites rues au côté desquelles sont jointes en ligne droite plusieurs belles maisons. Ce lieu, anciennement, était le logis d'un prince gouverneur du pays circonvoisin, de la part des Romains, et depuis, aucuns comtes de la Marche y ont fait résidence, même un nommé Guy de Lusignan dit le Brun, comte de la Marche, du temps du règne de Philippe-le-Bel, et Jacques roi de Sicile, aussi comte dudit pays, du temps du roi Charles six, et aussi un Hugues de Lusignan, extrait de la race de Lusignan. Car mieux dénote l'apparence de ce lieu un château qu'une ville ; et au temps qu'elle fut érigée pour faire vider l'eau des pluies et rendre le lieu net et purifié furent faits de petits canaux structiles, qui sortaient hors des murs dans lesquels l'eau prenait cours, et de ces canaux le lieu depuis a été dénommé. Je ne le veux pourtant assurer comme n'en ayant rien trouvé par écrit, si non par inventions conjecturées, et en avoir ouï telles opinions d'aucuns.

L'autre ville de notre Marche nommée Jarnage, combien qu'elle soit assez mal composée et non de grande défense, si est ce qu'elle est habitée de gens fort honorables, riches et opulents en facultés de domaines et autres biens ; elle est aussi assise et portée sur le grand chemin qui va de Paris à Toulouse, Bordeaux, Montpellier et autres lieux de la Gaule, où l'on voit passer continuellement charges et marchandises desdits lieux. Il appert par une petite pyramide, fabriquée en forme quadrangulaire qui est dans lesdits lieux près du cimetière, l'antiquité de cette ville au-dessus de laquelle est une lanterne pour tenir les feux de nuit, pour le guet, et c'est tout ce que j'ai pu observer de singulier en nos villes dudit pays et Comté de la Haute-Marche.

Duquel pays jadis ont été seigneurs un Hugues, le Brun, du temps du roi St-Louis, qui était un des considérés d'un Géoffroi de Lusignan, et après, messire Jacques de Bourbon, qui épousa une Jeanne, fille héritière de Charles, roi de Sicile, au moyen d'icelle, fut saisi du Royaume de Sicile et appelé vulgairement Roi Jacques, Roi de Sicile et de Jérusalem, qui fut du temps de Charles, sixième roi de France. Ce roi Jacques n'eut aucun hoir de ladite Jeanne, sa femme, et fut chassé dudit Royaume de Sicile pour aucunes suspicions qu'il eut sans occasion de sa femme, et se retira à Venise d'où il fréquenta souvent notre pays Marchique et même notre ville, à laquelle il bailla de beaux priviléges. Il y a un grand bois près notre dite ville, appelé Poignat, dans lequel il y a une petite colinne qui porte jusqu'aujourd'hui le nom et selon le langage du pays, le suquet du Roi Jacques pour la fréquentation de la chasse dans ce bois où il prenait plaisir.

Après avoir fait une sommaire description de notre pays Marchique, et des villes qui sont situées dans icelui et même de la ville où j'ai pris naissance et nourriture, étant ma principale intention de déduire et de chercher les choses les plus antiques d'icelle comme y étant tenu et obligé par droit naturel, car, selon la sentence des philosophes, l'on ne saurait trop collander et gratifier sa patrie, combien qu'elle soit infertile et en mauvais terroir, car l'ayant délaissée pour quelque temps, si l'on va en autres lieux plus aménés et délectables, l'on aspire encore d'un grand désir de revoir sa terre natale, et y étant parvenu il semble que son âme soit remplie de toute consolation, mais aussi rencontrant un homme de sa nation, ne l'ayant vu de longtemps, je me suis avisé en esprit d'avoir omis et délaissé la description d'une histoire singulière qui mérite plus être mise en lumière que toutes les autres antiquités dont j'ai fait mention ci-dessus. C'est l'histoire sainte d'un jeune enfant né et natif en notre ville qui a si parfaitement conduit sa vie au service de Dieu, qu'il a mérité être canonisé et écrit au livre des vivants, et maintenant est colloqué au palais céleste en la compagnie des autres saints, devant le trône céleste de Dieu, laquelle histoire, j'ai traduite de sa légende au plus près et remarques, aucunes choses obscures contenues en, comme l'on verra ci-après.

HISTOIRE DE SAINT SILVAIN

MARTYR (A AHUN).

La semence de la loi chrétienne, étant déjà répandue sur la province du Limousin par les saintes prédications et exortations du glorieux saint Martial, disciple de notre Sauveur Jésus-Christ, et principalement aux limites de notre ville Agedun qui, en ce temps, était comprise en la principauté et seigneurie du duc d'Acquitaine, sous la puissance et tribut des Romains, régnant pour lors leur monarque Domitien, douzième empereur, succédant à ce bon empereur Titus, toutefois quelques temps après, ladite duché d'Acquitaine fut remise en l'obéissance des magnanimes Gaulois et exempte du tribut romain au temps de Marcomir, leur duc, qui depuis a été jointe aux appartenances de la couronne royale desdits Gaulois, qui maintenant est le très florissant royaume de France, et tout ce pays et circonférence de la Comté de la Haute Marche, au milieu de laquelle notre ville Agedune est située, étant lors des appartenances de ladite Duché d'Aquitaine tributaire aux Romains, a été d'icelle distraite et défrenée et à présent tenue en pairie de ladite Couronne Française sous le gouverneur dudit comte dudit pays de la Marche, et les duchés du Limousin et de Guienne séparés et divisés d'icelui, lors donc et dudit temps que notre dit pays était sujet aux Romains, notre ville Agedune était habitée partie de payens et idolâtres obstinés en l'erreur d'infidélité, partie de ceux qui avaient reçu la semence jetée en bonne terre de leur cœur auparavant par ce divin conservateur saint Martial ; et entre autres de ce nombre, il y avait une famille illustre et noble tant de sang que de vertus, dont le chef et seigneur était nommé Fauste. Icelui était joint par mariage avec une excellente et très vertueuse dame, le nom de laquelle était Silvie, en laquelle la foi vive de la connaissance de Dieu, avait été radicalement mise par l'instrument de ses antécesseurs, déjà en icelle confirmée par ledit saint Martial. Cette noble et vertueuse dame était extraite d'un lieu noble appelé du Mùr qui est encore à présent florissant sur les limites du Limousin et Périgord, et que je donne par écrit, s'il est licite de croire que ce soit icelui lieu. Ces deux bons et saints personnages avaient un seul et unique fils que le bon Dieu par sa miséricorde avait suscité de leur semence, et était nommé Silvius ou Silvanus, et par le vulgaire nom antique, Silvien et depuis Silvain ou Saulve, selon le langage que nous tenons, procédant, que je pense, du nom de sa mère Silvie. Leur habitation, selon la légende, était au châtel dudit lieu nommé *Castellum-Ageduni*, et pour entendre ceci, il y avait la ville et le châtel qui étaient séparés et divisés, car aucune fois il est fait mention de *vicus Ageduni* et autre fois *Castellum-Ageduni ;* la ville, ou pour mieux dire, le bourg était une grande rue longue et bien peuplée, entouré de murailles et où se trouvait le châtel sur l'orient, comme il appert encore par les vestiges des fondements qui font penser qu'il y avait d'autres petites rues, vu le grand nombre du peuple qui y habitait, comme il est donné par l'histoire dudit saint Martial, car par une seule de ses prédications furent illec réduits à la foi et baptisés deux mille et six cents personnages qui ne pouvaient tous être résidans en une rue et aussi ne pouvait être une deuxième partie des habitans dudit lieu ; ledit châtel était où il est de présent et n'a plus forme de châtel, sinon seulement une maison qui fait d'un côté mur et clôture de notre ville, car depuis que la vieille ville ou grand-rue a été ruinée, aucuns habitants se retirant au châtel firent une clôture d'une petite ville telle qu'elle est et n'est pas longtemps que j'ai trouvé par écrit que l'on appelait notre ville châtel et disait ainsi au châtel d'Ahun et non pas en la ville d'Ahun, lequel châtel ou maison principale à un grand-clos ou basse-cour entouré de fortes et épaisses murailles faisant séparation entre ladite ville et ledit châtel ou maison, et dans icelui clos et basse cour est située ladite grande tour quarrée, sur le côté est la ville de laquelle nous avons fait mention ci-dessus, car en ce temps là les capitaines ou légionnaires qui se tenaient en ladite forteresse et châtel pour tenir les habitans de ce bourg et des autres lieux circonvoisins sujets et tributaires aux Romains, avaient coutume par les autres places de leur subjection faire résider et tenir auprès d'eux dans les clos de la susdite forteresse les nobles et plus apparents des lieux de leur charge pour leur aider à pacifier les séditions et révoltes des rebelles, comme l'on fait encore des garnisons mises sur les frontières et lieux limitrophes de notre France, et les châteaux de ce temps n'étaient en la forme de ceux d'àprésent, car c'était seulement de grandes tours massives et épaisses de grosses murailles, n'ayait aucun respect défensif, ni propugnacles,

3.

parce qu'il n'était lors mémoire de machines d'artillerie.

Ce jeune enfant donc demeurant au fort et clôture de ce châtel avec ses père et mère, était si bien enseigné par eux à la foi des martyrs, joint qu'ils l'avaient fait vaquer et instruire aux lectures dès ses jeunes ans, car étant parvenu en l'âge de quinze ans dès sa première adolescence, il florissait et resplendissait en toutes vertus et intégrité de vie, comme s'il eut déjà atteint ou anticipé le temps de maturité, de vieillesse et âge sénil, et persévérant toujours en cette sainteté et heureuse vie, en cheminant en l'âge viril, fut jugé de tous par une grande admiration de ses actes participer des vertus supérieures et célestes.

En ces jours, les payens observaient une grande fête et solemnité d'une idole et simulâcre nommée selon les payens, Bérecensia, ou autrement appelée Cybelle, mère des Dieux, en cette antique et renommée cité de Limoges portant lors titre de toute excellence et dignités sur toutes les autres, toutes fois remplie d'erreurs sacriligieuses et profanant les choses divines aux idoles et mauvais esprits et principalement à trois simulâcres desquels ils étaient enveloppés d'une amour superstitieuse de spéciale adoration, savoir de Bérécencia mère des Dieux, d'Apollo et de Diane. Ces trois simulâcres étaient en souveraine recommandation de leurs vaines et folles cérémonies. Car, quand l'une de ces trois fêtes était observée et solemnizée, tout le peuple de la région et des lieux sujets de ladite duché d'Acquitaine, y convenaient et s'y assemblaient au jour de la fête, comme l'on fait à présent ès-lieux où il y a jubilé et pardons; or, la bonne renommée de cette grande fête de cette idole Bérécencia, comme la principale, était épandue par toute la région et jusque à notre Marche Limousine, tellement que beaucoup de peuple de notre ville Agedune se préparait pour y aller et assister à ladite solemnité et avec quelques habitants de ladite ville se mit en chemin ce jeune adolescent Silvain, aucuns estimant que sa mère y était faisant ledit voyage avec lui, parce que Fauste, son dit père, était déjà mort. L'intention de ce saint et adolescent Silvain et de sa bonne et vertueuse mère Silvie à ce voyage faire n'était que par curiosité de voir le passetemps qui se pouvait faire en cette grande solemnité, comme aucuns font de présent, faisant leurs vœux plus par curiosité de voir les régions, villes, pays et choses étrangères d'iceux que d'un bon zèle de sainteté et dévote pérégrination, ni avait aussi l'intention de faire l'adoration à ce simulâcre fallacieux, mais pour du tout abattre cette folle erreur et manifester la parole de Dieu sans aucune crainte humaine. Étant parvenus à cette fameuse et antique cité de Limoges au jour de ladite fête, ils virent l'affluence et multitude de peuple qui accourait auprès d'une fausse et adulée religion poursuivre l'idole de Bérécensia qui était portée dans un chariot en grand magnificence, le long d'une rue, accompagnée de gardes et de gens armés, à ce commis et députés, et par un capitaine romain qui lors résidait audit lieu pour tenir toute la région sous la puissance et domination de l'empereur romain. Ce capitaine était nommé Héraclius, et ayant parfait et accompli le tour de la conduite de cette idole, fut mis et élevé sur un haut théâtre éminent à la vue de tout le peuple, pour icelle vénérer et lui faire oblation chacun en son rang, car telle était la coutume de cette damnée abusion. et voyant le saint et adolescent Silvien ce tant pernicieux et néfande sacrifice, non seulement refusa publiquement ladite adoration, mais aussi empêcha plusieurs icelle faire, leur remontrant le détestable péché et crime qu'ils commettaient envers Dieu d'adorer et faire oblation à un esprit diabolique. Ceci venu à la connaissance de Héraclius, par le tumulte et bruit populaire, fit incontinent prendre et mener pardevers lui ce jeune et adolescent Silvien rempli de grâce divine, et là étant, fut accusé par aucuns d'avoir commis une sédition publique contre la lèze-majesté impériale ; et étant assis Héraclius au tribunal et siége magistral, lui demanda qui il était et de quelle contrée, et comment était son nom, auquel il répondit d'un propos assuré qu'il était chrétien et se nommait Silvain. Héraclius l'interrogea qui l'avait ému de faire cette sédition et pourquoi il avait refusé de faire oblation et sacrifice à la mère du dieu Bérécensia, en méprisant sa haute majesté céleste par un abus et profanation ; à quoi le constant et vertueux saint adolescent Silvien fit réponse qu'il lui avait déjà dit qu'il était chrétien et qu'il adorait le Dieu vivant qui règne aux cieux et non les simulâcres et idoles des payens qui étaient malins et maudits esprits cachés dedans pour séduire et dévorer le peuple, et qu'il ne ferait aucune oblation ni sacrifice à Bérécensia, cette idole diabolique, par aucun commandement qu'il lui pouvait faire, mais, d'autorité s'il lui était permis, d'un maillet il la briserait devant tous et la mettrait en pièces.

Héraclius le persuadant de douces paroles à se divertir de sa folle opinion lui dit : « O Silvain que tu ferais
» mieux et plus heureusement pour toi et tes parents
» de te soumettre à l'obéissance et sacrifice des dieux
» immortels et si ainsi le veux faire et te détournes de
» ta folle opinion, je t'assure de te faire rançonner du
» trésor public et te retenir en mon service en splendide
» état de noblesse de chevalier. » A quoi ce bon saint d'un courage et hardiessse procédant de la vertu divine, fit cette réponse : « O Héraclius, que tes dons et présents
» sont fardés et tes propos délibérés et entourés de dou-
» ceur de miel sous lequel est le venin mortel caché.
» Tu cuides et estimes gagner les pensées des humains
» par tes beaux sermons d'adulation ; je ne suis de ceux
» là qui légièrement se laissent envelopper en tes paro-
» les, car ma pensée ne se changera jamais de souffrir
» me imposer autre nom plus salutaire que de chrétien
» et faire autre adoration et sacrifice que à Dieu seul,
» éternel, créateur du ciel et de la terre, et que ses
» idoles à qui tu me persuades faire oblation, ne sont
» que malins esprits qui n'ont aucune puissance, en
» l'erreur desquels tu es abusé et abuses les autres. » Héraclius, oyant ces propos, indigné de grande fureur, et de la honte qu'il recevait en public, proféra cette mortelle sentence contre le saint et juste adolescent Silvain, en disant : « Tu es coupable du crime de lèse-majesté
» puisque publiquement, as refusé de sacrifier à nos dieux,
» commettant sacrilège et transgression des cérémonies et
» institutions publiques, observées et gardées aux sacri-
» fices de nos dieux, pour la réparation de laquelle offense

» la loi de lèse-majesté impériale commande qu'inconti-
» nent tu sois frappé de glaive et la tête séparée de ton
» corps.

Cette sentence fut prononcée publiquement, et ordonné qu'un bourreau la mettrait à exécution, lequel ayant pris et saisi au corps ce jeune adolescent lui liant les mains de cordes comme une brebis simple étant entre les mains d'un boucher ayant le couteau en la main pour la tuer, le tira en un lieu de supplice, et les yeux bandés, mis et prosterné à genoux, élevant la face envers le ciel, le saint martyr proféra telle ou semblable oraison :

« O ! créateur de toutes créatures, roi des anges, do-
» minateur des choses célestes et terrestres, qui as permis,
» par ta providence remplie de miséricorde et infinie
» bonté, que ton seul et unique fils Jésus-Christ ait été
» en ce misérable monde, pris, démoqué, battu, flagellé
» et persécuté de tant de divers tourments et finalement
» souffert la dernière détresse de la mort sur une croix,
» élevée et plantée en une montagne à la vue de tous ses
» adversaires pour racheter les pauvres créatures desti-
» nées aux infernales peines éternellement par la trans-
» gression de nos premiers parents faites contre son saint
» et divin commandement à la persuasion d'un diaboli-
» que serpent qui les déçut, le mérite desquelles pas-
» sions et sanguinolentes flections de la sainte et sacré
» humanité de ton bénit enfant Jésus nous a depuis lavés
» et purgés de cette tant grande offense et mis en pleine
» délivrance hors de la puissance infernale et nous a fait
» consorts et participants de ton royaume céleste, gar-
» dant et observant les justes et saints commandements

» et vivant selon sa loi évangélique qu'il nous a délaissée,
» recevant le lavement du sacrement du baptême. Tu as
» aussi défendu, O ! Dieu Eternel ! par exprès comman-
» dement à nos anciens pères de ne adorer et faire aucun
» sacrifice que à toi seul qui as toute puissance et toutes
» choses sous ton obéissance, et gouvernement et ainsi
» que tous hauts et salutaires enseignements. J'ai été
» instruit par ma mère et autres mes parents vivants
» sous ta loi que depuis ja a été enseignés par les saintes
» prédications de ton bon disciple Martial étant venu en
» ce terroir, et en toutes ces choses je te suis fidèle et
» te crois fermement, je te prie mon Dieu ! qui as per-
» mis de profonds respect de ta déïté me transporter
» en ce lieu pour soutenir ta loi et aussi rejetter l'ado-
» ration et sacrifice de ces idoles et esprits diaboliques
» dont je suis condamné à souffrir aujourd'hui ; je te
» prie qu'il te plaise par l'amplitude des ruisseaux de
» ta grâce et abondante miséricorde, et aussi par les
» mérites des tant douloureuses et autres passions qu'a
» endurées ton doux enfant Jésus, notre rédempteur,
» recevoir mon âme en ta céleste région et la colloquer
» en la société de ses bénits saints martyrs et consoler
» ma pitoyable mère en ses tristes afflictions et la con-
» firmer et tous mes autres parents de la secte chré-
» tienne, constamment en ta sainte loi, et que mon
» martyr que je vais à présent souffrir puisse porter salu-
» taire profit aux assistants et à ces pauvres payens en-
» veloppés et couverts des ombres d'infidélité. »

Ayant achevé son oraison, sa désolée mère, Silvie du Mur resplendissant d'une magnanime vertu esmue d'une merveilleuse pitié, les larmes découlant continuellement de ses yeux, par sa face vénérable, le cœur lui battant et toutes ses entrailles émues dans son corps par un assaut merveilleux, voyant le bourreau tenir d'une main une reluisante et tranchante épée, et mettre l'autre main sur la tête de son jeune et tendre enfant, les yeux couverts et bandés, étendant son cou blanc et délicat, proféra d'une triste et lamentable voix pleine de gros soupirs ces mots :

« O! mon doux et bénin enfant mon fils, mon fils,
» ma chère nourriture, prends courage et constance à
» cette heure, aye ta pensée tournée vers Dieu! ne
» crains pas pour ta tendre jeunesse, le furibond et mor-
» tel coup de cette épée tranchante. Je te prie, mon cher
» fils, que ton esprit domine ta tendre chair, et ne soit
» rebelle à l'assaut de la mort qui t'est préparée, car tu
» es assez certain que la mort est certaine à tous, et par
» cela ne la faut craindre et redouter, car sans icelle
» l'âme immortelle ne peut parvenir à la gloire perdu-
» rable, et ce jour d'hui la vie ne te peut être bonne,
» parcequelle sera menée en une meilleure et plus as-
» surée. »

Oïant le bon enfant les consolations et exortances tant salutaires de sa piteuse mère, reçut d'un grand désir le coup mortel, du bourreau qui, ayant fait tomber la tête à terre, bailla un coup de pied au saint corps qui encore était à genoux les mains jointes.

Lors les anges, chantant en l'air, ravirent l'âme qui fut par eux présentée au trône divin, pour y habiter éternellement en toute consolation et joie. Le sang du saint corps découla par ruisseaux parmi la terre et à cette vue sa désolée mère tomba à terre pasmée, laquelle après ses douloureuses complaintes fut conduite et menée par ses amis hors du lieu de l'exécution cruelle de ce saint adolescent Silvien, ayant reçu la couronne du martyre si constamment le tiers du jour des ides du mois d'octobre, et y assistait une multitude de peuple, tant payens que chrétiens, et plusieurs chevaliers romains sous la charge de Héraclius, dont le nombre de quarante d'iceux chevaliers, ayant contemplé la sainteté de ce saint martyr et ouï les voix des anges se réjouissant en l'air en portant son âme aux célestes palais, rejettèrent soudainement leur fausse loi payenne se déclarant chrétiens, furent incontinent après interrogés, et ayant constamment et viriement persisté en leurs bons propos et ferme foi, furent finalement condamnés à souffrir même supplice et par ledit exécuteur décollés, recevant martyre en la foi chrétienne, lavés et baptisés de leur propre sang, leurs âmes reçues par les anges et conduites en éternelles consolations. Les corps et chief du bénit saint Silvien, sous les ombrages de la nuit suivante, furent secrètement pris par aucuns hommes de la religion chrétienne et ensevelis honorablement en une petite cellule ou caveau près les champs communs. Bientôt après sa mort, la sainteté de sa vie fut manifestée par plusieurs oracles qui furent faits et démontrés à la sainte guérison de plusieurs malades, dont il fut reçu des gens de ce temps en très grand honneur.

Sa vie sainte nous a enseigné la voie salutaire que nous devons tenir pour trouver la miséricorde divine et heureuse entrée de la plénitude de tous vœux. Voilà les titres de la salutaire vie de saint Silvien ou Silvain selon qu'il est nommé par sa légende au sanctoral de l'église catholique de Rome.

Nos anciens pères, originaires de notre ville, sont demeurés en un doute et ambiguité sur la certitude ou incertitude du lieu du martyre, supplice et sépulture de ce glorieux saint Silvien, notre patron, par la trop grande discontinuation des années de ce tems, qui ont aboly la mémoire et ont empêché la vérité être sûre ; toutes fois ils se sont obstinés en leur opinion tant pour raison du rapport à eux fait par leurs antécesseurs, de ligne en ligne et successivement que aussi pour avoir vu les écritures anciennes et ils ont tretous jugé que les lieux de son martyre et sépulture sont au terroir de notre ville, en un lieu appelé vulgairement Baignoult, qui est joignant les ruines de la vieille ville que les écritures nomme vieux Agedune, qui était où à présent est ce petit village nommé Ariole, distant de notre nouvelle ville d'environ un jet de pierre, auprès d'un beau oratoire dédié à sainte Catherine, comme nous avons en autre lieu plus amplement décrit ; et pour bailler solution de l'argument touchant ce que sa légende fait mention, qu'il fut jugé à Limoges par Héraclius, ce qui peut être vraisemblable, mais en ce temps là (c'est comme encore de présent l'on le voit faire en plusieurs lieux) quand il y avait quelque personnage insigne et extrait de noblesse et de quelque prosapie ancienne jugé pour même crime à mort, l'on le faisait transporter au lieu originaire de sa naissance, pour le faire exécuter en la présence de ses

parens par l'exécuteur de la haute justce, accompagné
de sergents et autres gens en armes pour tenir la main
forte, selon ses crimes et maléfices, ce que nous pouvons
inférer de notre saint Silvien, car ayant été exipé de la
généalogie et noble prosapie de sa parenté et lignage,
après la sentence donnée Héraclius commanda l'exécution être faite au lieu de sa génération, et pour ce faire,
le fit conduire jusques à notre ville par gens en armes, où
sa mère se trouva parce que son père était déjà mort,
comme dit est, car sa légende ne fait aucune mention
que sa dite mère se transporta audit Limoges avec lui.
Joint que pour ce jourd'hui il ne se trouve aucun insigne ni marque auprès dudit Limoges du lieu dudit
martyre ni de ladite fontaine ni sépulcre ou cellule ; mais
au contraire, au terroir de notre dite ville près ledit village d'Aréola et l'oratoire de sainte Catherine, il y a des
champs publics et communs en notre dite ville et icelle
près dans un pré, une belle fontaine d'eau vive découlant à grand source, et dans ledit pré y avait autrefois
une caverne faite en forme de chapelle voûtée, et de
mon temps l'on a trouvé l'aparence des ruines qui étaient
près ladite fontaine, et bien près de ce lieu est une abbaye
de gens de religion de l'ordre de saint Benoit fort antique
qui peut avoir été érigée de ce temps là, parce qu'il est
fait mention que aucuns vivant religieusement illec près,
sur la nuit, ensevelirent son corps en une petite cellule
près une fontaine aux champs publics qui enseignent que
c'est le propre lieu de son martyre et de sa sépulture, suivant le texte de sa légende, et aussi d'autant qu'elle fait
mention qu'il fut mené hors un mur, parlant en nombre

singulier, qui pouvait être à l'entrée de ce bourg ou rue appelé vieux Agedune, qui avait une porte pour sortir aux champs publics, car il est vraisemblable qu'il y eut muraille tout autour ; possible est que les rangs des maisons fissent clôture ; et aussi n'en fait mention ladite histoire, car si ce eut été murailles de clôtures anciennes elle eut fait mention en plusieurs nombres de murailles et non en singulier, joint qu'il s'est trouvé en notre ville aucuns vieux livres écrits à la main, car alors les moules n'étaient pas encore inventés, faisant mention de la légende et histoire de saint Silvain martyr et de son supplice en ces mots : *juxta fontem Baignaudi*, parceque cette fontaine est nommée vulgairement la fontaine Bagnaud.

Je ne sais si aucuns y ont ajouté ce mot par curiosité, et c'est tout ce que j'ai exactement pu cueillir et assembler de toutes ces vieilles histoires quant à la vie et gestes de ce bienheureux saint qui se passent assez légèrement, et quant à la description des lieux du martyre et sépulture il ne s'en peut rien prouver par certaines preuves, combien que aucuns anciens de notre ville disaient que sa sépulture était à quelque distance du lieu où soulait être anciennement ce grand vase de pierre qui est en notre église ordonné pour recevoir l'eau lustrale.

Aucuns autres disaient avoir vu dans notre dite église en un grand tombeau de pierre que l'on avait ouvert pour mettre quelque corps d'un trépassé, aucuns ossements d'un corps saint plié en drap de soie que l'on ne voulut toucher mais fut le sépulcre de rechef clos. Toutes ces choses me semblent être songières et tenues pour fables, car il ne s'en donne aucuns enseignemens par écrit ni autre témoignage certain.

Pendant que je préméditai à poursuivre la traduction de l'histoire de saint Silvain, un pauvre misérable portant ce nom était sur un théâtre au milieu de la place de notre ville, tenu par deux boureaux, par ses démérites, pour le rompre et mettre sur une roue, et voyant tel spectacle tragique et piteux, ému de compassion de ce pauvre patient, fis ma prière instantanément à ce bénit saint Silvain être son intercesseur envers Dieu pour lui faire secours à ses tourments et iceux alléger et finalement consoler son âme éternellement.

ODES SAPHIQUES
CONTENANT LA VIE DE SAINT SILVAIN.

1.
O Anges célestes !
Dénoncez les gestes
Et vie sainte
De Silvain, éteinte,
De son sang propice
Par foi assurée.

2.
Cette louable
Région Marchique
D'un fils unique
Produit de naissance
Par excellence
En l'Agédunique
Ville antique.

3.
D'une heureuse
Ligne généreuse
Fauste fut père
Et Silvie mère
En sa jeunesse
Eut tant bonne adresse
Aux lettres saintes.

4.
Des vertus dignes
Procédaient les signes
Car sa pensée
Était élevée
Aux destinées
Célestes idées
De l'Empyrée.

5.
Aux sacrifices
Oblations propices
Des simulacres
Par ces idolatres
Est l'assemblée
En tous lieux publiée
Et commandée

6.
L'a désiré
Saint Silvain aller
En l'ancienne
Cité Limogienne
Pour les reprendre
Et donner entendre
Leurs erreurs vaines.

7.

A l'exécrable
Fête détestable,
Fut vénérée,
En honneur portée.
Parmi les rues
De draps d'or tendues
Berécinthie.

8.

La profanée
Vie détestée
Par sacrilèges
Des payens usages
Le simulacre
Dressé sur un théatre
Ont vénéré.

9.

L'erreur néfande
De l'offense grande
Fut reprouvée
Et du Saint blâmée
Par l'excellence
Vertus et puissance
De loi divine.

10.

Faites la plainte
Par une complainte
Du populaire
Par trop téméraire,
A Héraclée,
De leur loi violée
Et maculée.

11.

L'a entreprise
Faite de la prise
Par l'ordonnance
Et décret du prince
De la province
Sur l'adolescence
De ce saint juste.

12.

Très rigoureuse,
Triste et piteuse
Fut la conduite
Des payens enduite
D'une concorde
Sans miséricorde
A Héraclée.

13.

Qui en la présence
De l'assistance
Qu'étant inique
Du crime publique
Le vient reprendre
Sans raison entendre
Ni sa réplique.

14.

Son assurance
D'une constance
Ferme et sainte
Sans aucune crainte
Dit et confesse
Sa foi et promesse
Etre chrétienne.

15.

La résistance
Du Saint et défense
Sur ces promesses
Et vaines richesses
Que lui présente
Par fille jactante
Ce Héraclée.

16.

La face change
Par fureur étrange,
Le boureau mande
Et soudain commande
De son office
Faire sacrifice
Du saint martyr.

17.

La destinée
Et fin désolée
Par la sentence
Sur l'adolescence
D'une épée
Fut exécutée
Par mort violente.

18.

La triste mère
Voyant ce martyre.
D'une complainte
De douleur atteinte
En pleurs saisie
Son cher fils supplie
Avoir constance.

19.

Disant ta vie
Ne sera rapvie
Mais convertie
En une heureuse
Et florissante
Par la mort dolente
Qu'on te présente.

20.

L'âme sacrée
Au ciel est volée.
Le corps à l'heure
Mis en sépulture.
Dans un tumule
En une cellule
Où il repose.

Le manuscrit ci-dessus est fini, le surplus ayant été déchiré et rompu, il est sans difficulté qu'il a été écrit entour l'année 1560.

Pour se conformer à l'édit, donné à Marly au mois de mai 1765, concernant les maires et échevins, et en conséquence des ordres de M. Joly de Fleury, procureur général au parlement adressé à M. Moreau, procureur du roi en cette ville moi, Ranon de Lavergne, président en ce siége, ai, suivant qu'il m'est ordonné par ledit édit, divisé la ville d'Ahun en trois quartiers, pour ensuite chaque quartier s'assembler séparément devant moi au Palais et nommer quatre députés par quartier, soit douze députés, après quoi assemblés, choisir six notables dans la ville qui à une autre assemblée délibèreront, choisiront et nommeront à la pluralité des voix six échevins, ne devant point y avoir de maire, attendu qu'il n'y a point en cette ville deux mille habitans.

Le premier quartier appelé de la Grand'Rue;
Le deuxième quartier appelé des Sœurs de la Croix;
Le troisième quartier appelé du Château-Rocher.

Le quartier de la Grand'Rue s'assembla devant moi au Palais le 13 septembre 1765, et nomma pour députés dudit quartier, à huit heures du matin, au son de la cloche :

M. de FOURNOUE, sieur de Villard, écuyer;
M. JEOFFROI de MONTREUIL, lieutenant particulier;
M. VILLATTE, ex-chirurgien;
M. Jean JACQUET, aubergiste;

Le quartier des Sœurs de la Croix s'assembla le même jour, à dix heures du matin, et nomma pour députés dudit quartier :

M. Felder, contrôleur-général, au bureau des finances d'Auvergne ;

M. Guisard, procureur en ce siége ;

M. Roux, négociant ;

M. Soucton, marchand ;

Le quartier du Château-Rocher, s'assembla le même jour, à une heure après midi, et nomma pour députés dudit quartier :

M. Villatte, prêtre vicaire, de cette ville ;

M. Boery de Barre, lieutenant de grenadiers ;

M. Décolange, bourgeois ;

M. Chomanet, marchand ;

Les douze députés, nommés par les trois quartiers, s'assemblèrent par-devant moi au son de la cloche le dix-huit septembre et choisirent six notables qui sont :

M. Boery, prieur de la Roche ;

M. Felder, contrôleur-général ;

M. Defumade, docteur en médecine ;

M. Guisard, procureur ;

M. Décolange, bourgeois ;

M. Chomanet, marchand ;

Le vingt-neuf septembre, à neuf heures du matin, les six notables s'assemblèrent au Palais par-devant moi pour procéder à l'élection des deux échevins, et il fut nommé à la pluralité des voix,

1er Echevin, M. Geoffroi de Montreuil, lieutenant ;
2e Echevin M. Aubreton, avocat.

En conséquence de ladite élection, je fis prêter le serment aux deux échevins qui furent accompagnés chez eux par les notables, précédés des drapeaux, tambours et fifres, après quoi il y eut grand dîner et le soir feu d'artifice, et l'on sonna toutes les cloches.

L'église paroissiale de saint Silvain de cette ville d'Ahun, menaçant une ruine prochaine, il fut décidé après avoir observé toutes les formalités requises en pareille circonstance, il fut décidé, dis-je, que l'on ne pouvait se dispenser d'en construire une neuve, qui, en conséquence a été commencée en 1777 et finie en 1781 ; le plan de ladite église est de Brousseau architecte à Limoges, et l'entrepreneur a été un nommé Jean Guy du bourg de saint Médard.

L'adjudication a été de la somme de 21500 fr., plus une deuxième adjudication pour la sacristie et autres réparations de la somme de 1200 fr., plus une autre adjudication en 1785, à un nommé Simonet de cette ville pour les réparations du cimetière joignant l'église du côté du nord et levant, ladite adjudication de la somme de 2500 fr. Lors de ladite adjudication du cimetière, M. Durâteau était curé d'Ahun, M de Combredet de Châtebu, président et moi Étienne Ranon du Masduteil, procureur du roi.

P.-S. Il existe encore à Ahun une famille qui a nom Dumureau. — 1856.

Clermont, Impr. Fd Thibaud.

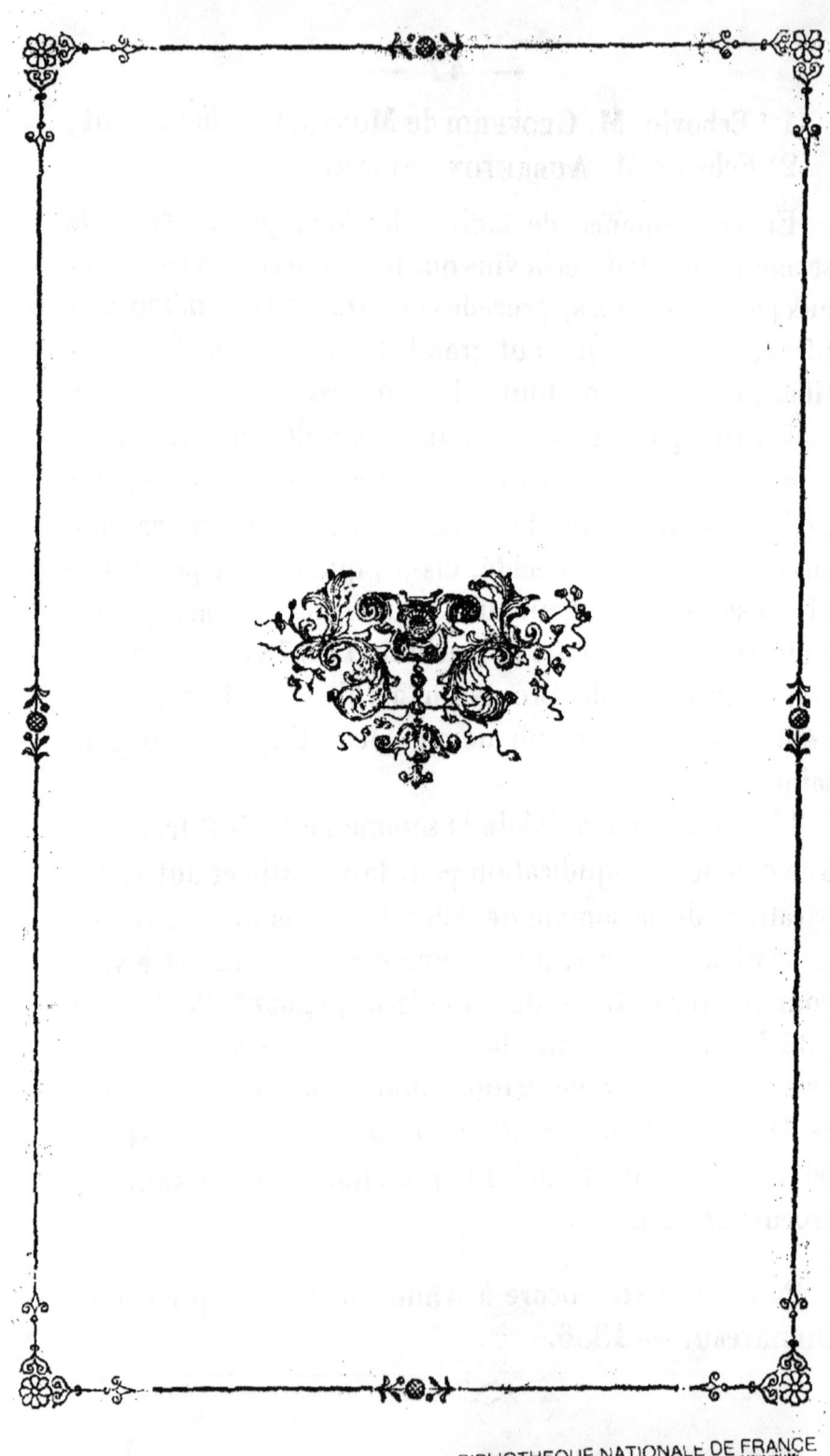

www.ingramcontent.com/pod-product-compliance
Lightning Source LLC
Chambersburg PA
CBHW070712050426
42451CB00008B/616